EIN POESIEALBUM
ZUSAMMENGESTELLT VON GÜNTER BERG

Winter

cadeau

Es gibt so wunderweisse Nächte,
drin alle Dinge Silber sind.

Der Winter ist die klassische Jahreszeit der Ruhe und der Besinnung. Auf den Feldern kann nicht gearbeitet werden; sie wurden im Herbst bestellt und warten auf die Wärme des Frühlings. Die Schornsteine rauchen, in den Stuben ist es warm, ein gemütliches Feuer knistert und der Geruch von Bratäpfeln oder Maronen liegt in der Luft. Die Wintermonate sind die Zeit der Einkehr und auch der Nähe, in der die Freuden der Liebe intensiver sind, weil die langen Nächte die Zeit der Zärtlichkeit verlängern, während der eisige Nordwind ums Haus tobt und die Schneeflocken vor dem Fenster tanzen. Es ist die Zeit des Jahres, die den Menschen nach innen blicken und sich sammeln lässt. Wem mit der Winterruhe Gelassenheit ins Herz zieht, der ist auf dem Weg zu sich selbst und kann mit Johann Christian Günther ausrufen: »Der Winter soll mein Frühling sein.«

WINTERGEDANKEN

– Franz Grillparzer –

Willst du, Seele, nicht mehr blühen,
Da vorbei des Sommers Flucht?
Oder wenn der Herbst erschienen,
Warum gibst du keine Frucht?

War vielleicht zu reich dein Blühen,
War zu bunt der Farben Licht?
Denn die Blüten geben Früchte,
Aber, ach, die Blumen nicht.

IM WINTER

– August Heinrich Hoffmann von Fallersleben –

Der Winter ist gekommen,
Der Schnee liegt überall,
Wann singst du endlich wieder
Im Erlenbusch und Flieder
Die alten schönen Lieder,
Frau Nachtigall?

Wir wandern unsre Straße,
Es stürmet und es schneit.
Wie sind so kurz die Tage,
Wie ist so lang die Plage!
Wann endet unsre Klage?
Wann unser Leid?

Doch Frühling muss es werden,
Und Frühling wird's einmal:
Die Hoffnung lasst uns hegen
Durch Reif und Schnee und Regen
Auf allen unsern Wegen
Trotz Leid und Qual!

Frau Nachtigall, komm, singe,
Sing über Berg und Tal
Und grüß im Sonnenscheine
Von allen Jungfrau'n eine,
Die herzallerliebste meine
Viel tausend Mal!

WINTERWÄRTS

– Georg Heym –

Eben noch goldiger Maienglanz
Heute schon fallender Blätter Tanz.
Müde senkt sich der welke Mohn
Leise taumeln die Flocken schon.

Und ein großes Schweigen
Hüllt die Welten ein.
Tod mit seiner Geigen
Schreitet auf dem Rain.

IM WINTER

– JUSTINUS KERNER –

Wenn Nachtigall und Lerche singen,
Da schweigt verschämet mein Gesang,
Mein armes Lied will nur gelingen
Bei Nacht und Tod im Winter bang.

Da liebt es jene öden Nächte,
Die schwarze, stille Einsamkeit,
Nur da entquillt das Lied, das echte,
Noch meines Herzens altem Leid.

Doch ist es nicht ein langes Singen,
Ein einz'ger Laut oft ist es nur,
Wie nächtlich oft aus Sturmes Schwingen
Kurz tönt ein Seufzer der Natur.

15

WINTERLIED

– Johann Gaudenz von Salis-Seewis –

Das Feld ist weiß, so blank und rein,
Vergoldet von der Sonne Schein,
Die blaue Luft ist stille;
Hell wie Kristall,
Blinkt überall
Der Fluren Silberhülle.

Der Lichtstrahl spaltet sich im Eis,
Er flimmert blau und rot und weiß
Und wechselt seine Farbe.
Aus Schnee heraus
Ragt nackt und kraus
Des Dorngebüsches Gabe.

Von Reifenduft befiedert sind
Die Zweige rings, die sanfte Wind'
Im Sonnenstrahl bewegen.
Dort stäubt vom Baum
Der Flocken Flaum,
Wie leichter Blütenregen.

Tief sinkt der braune Tannenast
Und drohet mit des Schnees Last
Den Wand'rer zu beschütten.
Vom Frost der Nacht
Gehärtet, kracht
Der Weg von seinen Tritten.

Das Bächlein schleicht, von Eis geengt;
Voll lauter blauer Zacken hängt
Das Dach; es stockt die Quelle;
Im Sturze harrt,
Zu Glas erstarrt,
Des Wasserfalls Welle.

Der muntre Sperling pickt vertraut
Die Körner von der Scheune;
Der Zeisig hüpft
Vergnügt und schlüpft
Durch blätterlose Haine.

Wohlan! Auf festgedieg'ner Bahn
Klimm' ich den Hügel schnell hinan
Und blicke froh ins Weite,
Und pfeife den,
Der rings so schön
Die Silberflocken streute.

ERSTARRUNG

– Wilhelm Müller –

Ich such' im Schnee vergebens
Nach ihrer Tritte Spur,
Hier, wo wir oft gewandelt
Selbander durch die Flur.

Ich will den Boden küssen,
Durchdringen Eis und Schnee
Mit meinen heißen Tränen,
Bis ich die Erde seh'.

Wo find' ich eine Blüte,
Wo find' ich grünes Gras?
Die Blumen sind erstorben,
Der Rasen sieht so blass.

Soll denn kein Angedenken
Ich nehmen mit von hier?
Wenn meine Schmerzen schweigen,
Wer sagt mir dann von ihr?

Mein Herz ist wie erfroren,
Kalt starrt ihr Bild darin:
Schmilzt je das Herz mir wieder,
Fließt auch das Bild dahin.

ALTES KAMINSTÜCK
– Heinrich Heine –

Draußen ziehen weiße Flocken
Durch die Nacht, der Sturm ist laut;
Hier im Stübchen ist es trocken,
Warm und einsam, stillvertraut.

Sinnend sitz ich auf dem Sessel,
An dem knisternden Kamin,
Kochend summt der Wasserkessel
Längst verklungne Melodien.

Und ein Kätzchen sitzt daneben,
Wärmt die Pfötchen an der Glut;
Und die Flammen schweben, weben,
Wundersam wird mir zu Mut.

Dämmernd kommt heraufgestiegen
Manche längst vergessne Zeit,
Wie mit bunten Maskenzügen
Und verblichner Herrlichkeit.

Schöne Frauen, mit kluger Miene,
Winken süßgeheimnisvoll,
Und dazwischen Harlekine
Springen, lachen, lustigtoll.

Ferne grüßen Marmorgötter,
Traumhaft neben ihnen stehn
Märchenblumen, deren Blätter
In dem Mondenlichte wehn.

Wackelnd kommt herbeigeschwommen
Manches alte Zauberschloss;
Hintendrein geritten kommen
Blanke Ritter, Knappentross.

Und das alles zieht vorüber,
Schattenhastig übereilt -
Ach! da kocht der Kessel über,
Und das nasse Kätzchen heult.

DER WINTER UND DIE SPATZEN

– August Heinrich Hoffmann von Fallersleben –

Sie zwitscherten und sangen,
Man hörte kaum sein Wort:
Der Winter ist gegangen
Und alles Leid ist fort! --

Ei, wartet nur, ihr Spatzen!
Sollt mich schon wieder seh'n.
Das Zwitschern und das Schwatzen,
Das soll euch bald vergeh'n!

Da kam der Winter wieder,
Er brachte Kält' und Schnee;
Da gab es keine Lieder,
Kein fröhliches Juchhe.

Die Spatzen aber saßen
Vergnügt in Stall und Haus:
O Winter, lass das Spaßen!
Wir lachen dich doch aus. --

So ist es auch ergangen:
Kaum war der Winter fort,
Die Spatzen fröhlich sangen,
Man hörte kaum sein Wort.

DER REIF

– August Heinrich Hoffmann von Fallersleben –

Der Reif ist ein geschickter Mann:
O seht doch, was er alles kann!
Er haucht nur in den Wald hinein,
Wie ist verzuckert schön und fein
Ein jeder Zweig und Busch und Strauch
Von seinem Hauch!

Wie schnell es ihm von Händen geht!
Kein Zuckerbäcker das versteht.
Und alles fein und silberrein,
Wie glänzt es doch im Sonnenschein!
Wär' alles doch nur Zucker auch
Von seinem Hauch!

Doch nein, wir sind schon sehr erfreut,
Dass uns der Reif so Schönes beut.
O Winter, deinen Reif auch gib,
Uns ist auch Augenweide lieb,
Und ohne Duft und Frühlingshauch
Freu'n wir uns auch.

IM WINTERBODEN SCHLÄFT
EIN BLUMENKEIM

– Eduard Mörike –

Im Winterboden schläft, ein Blumenkeim,
Der Schmetterling, der einst um Busch und Hügel
In Frühlingsnächten wiegt den samtnen Flügel;
Nie soll er kosten deinen Honigseim.

Wer aber weiß, ob nicht sein zarter Geist,
Wenn jede Zier des Sommers hingesunken,
Dereinst, von deinem leisen Dufte trunken,
Mir unsichtbar, dich blühende umkreist?

VEREINSAMT

– FRIEDRICH NIETZSCHE –

Die Krähen schrein
Und ziehen schwirren Flugs zur Stadt:
Bald wird es schnein –
Wohl dem, der jetzt noch – Heimat hat!

Nun stehst du starr,
Schaust rückwärts ach! wie lange schon!
Was bist du Narr
Vor Winters in die Welt – entflohn?

Die Welt – ein Tor
Zu tausend Wüsten stumm und kalt!
Wer das verlor,
Was du verlorst, macht nirgends Halt.

Nun stehst du bleich,
Zur Winter-Wanderschaft verflucht,
Dem Rauche gleich,
Der stets nach kältern Himmeln sucht.

Flieg, Vogel, schnarr'
Dein Lied im Wüstenvogel-Ton! –
Versteck, du Narr,
Dein blutend Herz in Eis und Hohn!

Die Krähen schrein
Und ziehen schwirren Flugs zur Stadt:
Bald wird es schnein,
Weh dem, der keine Heimat hat!

34

EISNACHT

– Clara Müller-Jahnke –

Wie in Seide ein Königskind
schläft die Erde in lauter Schnee,
blauer Mondscheinzauber spinnt
schimmernd über der See.

Aus den Wassern der Raureif steigt,
Büsche und Bäume atmen kaum:
durch die Nacht, die erschauernd schweigt,
schreitet ein glitzernder Traum.

GANZ STILL ZUWEILEN WIE EIN TRAUM

– CÄSAR FLAISCHLEN –

Ganz still zuweilen wie ein Traum
klingt in dir auf ein fernes Lied ...
Du weißt nicht, wie es plötzlich kam,
du weißt nicht, was es von dir will ...
und wie ein Traum ganz leis und still
verklingt es wieder, wie es kam ...

Wie plötzlich mitten im Gewühl
der Straße, mitten oft im Winter
ein Hauch von Rosen dich umweht,
wie oder dann und wann ein Bild
aus längst vergessenen Kindertagen
mit fragenden Augen vor dir steht ...

Ganz still und leise, wie ein Traum ...
Du weißt nicht, wie es plötzlich kam,
du weißt nicht, was es von dir will,
und wie ein Traum ganz leis und still
verblasst es wieder, wie es kam.

WINTER

– Otto Julius Bierbaum –

Weg und Wiese zugedeckt,
Und der Himmel selbst verhangen,
Alle Berge sind versteckt,
Alle Weiten eingegangen.

Ist wie eine graue Nacht,
Die sich vor den Tag geschoben,
Die der Sonne glühe Pracht
Schleierdicht mit Dunst umwoben.

Oder seid ihr alle tot:
Sonne, Mond und lichte Sterne?
Ruht das wirkende Gebot,
Das euch trieb durch Näh und Ferne?

Leben, lebst du noch ringsum?
Sind verschüttet alle Wege?
Grau und eng die Welt und stumm.
Doch mein Herz schlägt seine Schläge.

IM SCHNEE

– Hedwig Lachmann –

Schneegeriesel. Flocken über Flocken.
In der weichen Luft zerfließt der Schaum,
Und kein Windhauch weht die Erde trocken.

Aber, wenn im Frost erstarrt der Flaum,
Reift er schnell zu glitzernden Kristallen
Und blinkt dann am Boden und am Baum.

Nasser Schnee ist auf mein Haar gefallen.
In den Bergen türmt er sich zu Eis
Und zu donnernden Lawinenballen.

Von den Dächern tropft es leise, leis,
Und dazwischen gleiten und verschwimmen
Fern und ferner, kaum dass ich es weiß,

Dämmernde Gedanken, leise Stimmen
Wie Erinnern, wie ein Atem bloß,
Einer Sehnsucht aufgescheuchtes Glimmen.

Alles fließt der Erde in den Schoss.
Dieses Lebens gleitende Gesichte,
Ungezählte Tropfen, Los um Los,

Einen Augenblick beglänzt vom Lichte -
Oder in der rauen Luft gereift,
Und nun auf der harten Erde dichte
Sternkristalle, bis ein Wind sie streift.

DES WINTERS HAUCH

– Franz Grillparzer –

Des Winters Hauch
entblättert den Strauch,
und wütende Sturmwinde heulen;
an des Hügels Hang,
wo die Lerche sonst sang,
erkrächzen nun Raben und Eulen.

Die Rose liegt
vom Frost geknickt,
und jubelnd hüllet der Winter
in raschem Flug
sein Leichentuch
um Floras blühende Kinder.

Die Schwalbe ruft
aus rauer Luft
ihr Lebewohl hernieder,
blickt noch einmal herab
auf das weite Grab
und flieht dann auf schnellem Gefieder,

und alles ist stumm
und tot ringsum,
kein Laut ertönt aus den Höhen,
nur am sumpfigen Teich,
im matten Gesträuch,
tanzt ein Chor von krächzenden Krähen.

ERSTER SCHNEE

– Christian Morgenstern –

Aus silbergrauen Gründen tritt
ein schlankes Reh
im winterlichen Wald
und prüft vorsichtig Schritt für Schritt,
den reinen, kühlen, frisch gefallenen Schnee.
Und deiner denk ich, zierlichste Gestalt.

46

HELLER MORGEN

– Börries Freiherr von Münchhausen –

Als ich schläfrig heut erwachte,
– Und es war die Kirchenzeit –
Hörte ich's am Glockenschlage,
Dass es über Nacht geschneit.

Denn in meinem hellen Zimmer
Klang so hell der Glockenschlag,
Dass ich schon im Traume wusste:
Heute wird ein heller Tag.

Als ich froh die Läden aufstieß,
Trug die Welt ein weißes Kleid,
Meine ganze Seele wurde
Glänzend weiß und hell und weit.

IM WINTER

– Georg Trakl –

Der Acker leuchtet weiß und kalt.
Der Himmel ist einsam und ungeheuer.
Dohlen kreisen über dem Weiher
Und Jäger steigen nieder vom Wald.

Ein Schweigen in schwarzen Wipfeln wohnt.
Ein Feuerschein huscht aus den Hütten.
Bisweilen schellt sehr fern ein Schlitten
Und langsam steigt der graue Mond.

Ein Wild verblutet sanft am Rain
Und Raben plätschern in blutigen Gossen.
Das Rohr bebt gelb und aufgeschossen.
Frost, Rauch, ein Schritt im leeren Hain.

VERSCHNEIT LIEGT RINGS
DIE GANZE WELT
– Joseph von Eichendorff –

Verschneit liegt rings die ganze Welt,
Ich hab nichts, was mich freuet,
Verlassen steht ein Baum im Feld,
Hat längst sein Laub verstreuet.

Der Wind nur geht bei stiller Nacht
und rüttelt an dem Baume,
Da rührt er seine Wipfel sacht
Und redet wie im Traume.

Er träumt von künft'ger Frühlingszeit,
Von Grün und Quellenrauschen,
Wo er im neuen Blütenkleid
Zu Gottes Lob wird rauschen.

51

IN DER WINTERNACHT

– Friedrich Wilhelm Weber –

Es wächst viel Brot in der Winternacht,
weil unter dem Schnee frisch grünet die Saat;
erst wenn im Lenze die Sonne lacht,
spürst du, was Gutes der Winter tat.

Und deucht die Welt dir öd und leer,
und sind die Tage dir rau und schwer:
Sei still und habe des Wandels acht
es wächst viel Brot in der Winternacht.

WINTER ADE!

– August Heinrich Hoffmann von Fallersleben –

So hört doch, was die Lerche singt!
Hört, wie sie frohe Botschaft bringt!
Es kommt auf goldnem Sonnenstrahl
Der Frühling heim in unser Tal,
Er streuet bunte Blumen aus
Und bringet Freud' in jedes Haus.
Winter, ade!
Frühling, juchhe!

Was uns die liebe Lerche singt,
In unsern Herzen wiederklingt.
Der Winter sagt ade! ade!
Und hin ist Kälte, Reif und Schnee
Und Nebel hin und Dunkelheit –
Willkommen, süße Frühlingszeit!
Winter, ade!
Frühling, juchhe!

SEHNSUCHT NACH DEM FRÜHLING

– August Heinrich Hoffmann von Fallersleben –

O, wie ist es kalt geworden
Und so traurig, öd' und leer!
Raue Winde wehn von Norden
Und die Sonne scheint nicht mehr.

Auf die Berge möcht' ich fliegen,
Möchte sehn ein grünes Tal,
Möcht' in Gras und Blumen liegen
Und mich freun am Sonnenstrahl;

Möchte hören die Schalmeien
Und der Herden Glockenklang,
Möchte freuen mich im Freien
An der Vögel süßem Sang.

Schöner Frühling, komm doch wieder,
Lieber Frühling, komm doch bald,
Bring' uns Blumen, Laub und Lieder,
Schmücke wieder Feld und Wald!

Ja, du bist uns treu geblieben,
Kommst nun bald in Pracht und Glanz,
Bringst nun bald all deinen Lieben
Sang und Freude, Spiel und Tanz.

INHALT

BILDNACHWEIS

Otto Wilhelm Thomé & Walter Migula, www.BioLib.de:
S. 4, 9, 20, 28, 31, 32, 40, 41, 42, 51, 52, 59;
The Bridgeman Art Library / Getty Images: S. 10,
Basilius Besler, Der Garten von Eichstätt (Schirmer / Mosel): S. 34, 55
De Agostini / Getty Images: S. 15, 48, 49;
Franz Murr, Liebenswertes Meisenvolk (Kronen Verlag): S. 16, 19
Johann und Joseph Knapp, Natur im Aquarell (Prestel): S. 23, 25 ;
KLEINERT Bildarchiv. S. 27; Kops / van Hall / Köhler www.BioLib.de: S. 57;
Pierre Joseph Redouté, Die schönsten Blumen und Früchte, (Weltbild-Verlag): S. 37;
akg-images: 12, 13, 38, 45 (IAM), 46 (Erich Lessing)

Auflage 2012
Copyright © 2012
by Hoffmann und Campe Verlag, Hamburg
www.hoca.de
Buchgestaltung: Katja Maasböl, Hamburg
Satz: atelier eilenberger; Leipzig
Druck und Bindung: Offizin Andersen Nexö, Zwenkau
Printed in Germany
ISBN 978-3-455-38124-5

HOFFMANN
UND CAMPE

Ein Unternehmen der
GANSKE VERLAGSGRUPPE